Capitaine breveté GEMEAU

Le
Combat à la Baïonnette

PROCÉDÉS D'APPLICATION
DE LA MÉTHODE RÉGLEMENTAIRE

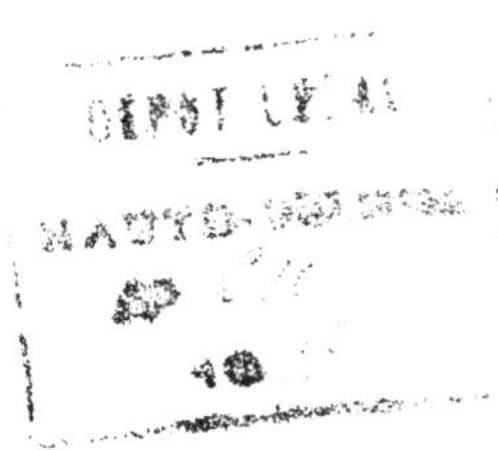

PARIS
Henri CHARLES-LAVAUZELLE
Éditeur militaire
10, Rue Danton, Boulevard Saint-Germain, 118
(MÊME MAISON A LIMOGES)
1913

Le Combat à la Baïonnette

(Procédés d'application de la méthode réglementaire)

Capitaine breveté GEMEAU

Le Combat à la Baïonnette

PROCÉDÉS D'APPLICATION
DE LA MÉTHODE RÉGLEMENTAIRE

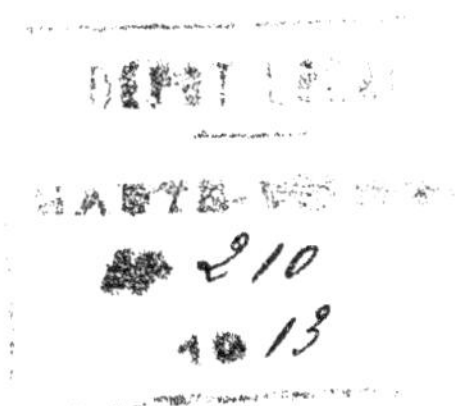

PARIS
Henri CHARLES-LAVAUZELLE
Éditeur militaire
10, Rue Danton, Boulevard Saint-Germain, 118
(MÊME MAISON A LIMOGES)
1913

AVANT-PROPOS

L'expérience des dernières guerres a prouvé, tant en Mandchourie que dans les Balkans, que les attaques d'infanterie ont fréquemment donné lieu à des luttes corps à-corps et qu'on avait eu tort, en France, de négliger pendant si longtemps l'instruction pratique de l'escrime à la baïonnette.

Le combat à l'arme blanche n'est pas un mythe : c'est l'aboutissement logique de toute attaque d'infanterie; il importe que chaque fantassin en soit bien convaincu et que, habitué à manier adroitement son arme, il ait en elle et en lui-même la confiance, qui est un des premiers éléments du succès.

Le ministre de la guerre, en modifiant, par la circulaire du 25 janvier 1913 (*B. O.*, P. P., p. 63), les dispositions des articles 110 à 121 du règlement de manœuvres de l'infanterie, a réagi heureusement contre le dédain avec lequel on traitait, en France, l'emploi de la baïonnette.

Les prescriptions réglementaires nouvelles laissent beaucoup de marge à l'initiative des instructeurs, dont la formation est encore à faire entièrement à ce point de vue.

Il a semblé que quelques indications basées sur la pratique, ainsi que sur l'expérience des armées où le combat à la baïonnette est pratiqué depuis longtemps, pourraient utilement compléter les dispositions du règlement.

Le but étant d'aider les cadres dans l'application des prescriptions ministérielles, on prendra comme base les modifications récemment publiées, sans revenir sur elles.

Seules les questions qui n'ont pas trouvé place dans le règlement fourniront matière à développement.

Le Combat à la Baïonnette

(Procédés d'application de la méthode réglementaire)

CHAPITRE Ier

La présente étude est divisée en trois parties :

I. — Coup d'œil sommaire sur les méthodes étrangères.

II. — Instruction.

III. — Application.

I. — Coup d'œil sommaire sur les méthodes étrangères.

ALLEMAGNE

L'escrime à la baïonnette pratique est enseignée depuis de longues années (1).

Le règlement actuel : *Vorschrift für das Gewehrfechten der Infanterie*, date du 15 octobre 1908.

Cet opuscule (une plaquette de 20 pages) est conçu et exposé sous une forme méthodique et pratique et constitue un véritable guide pour l'instructeur. Son étude pourra être très fructueuse pour les instructeurs français qui manquent encore d'expérience en la matière.

Le but cherché est aussi bien le développement physique de l'homme que l'élévation de ses qualités morales et offensives.

---

(1) L'auteur de cette étude a vu exécuter des assauts de baïonnette, dans le duché de Bade, en 1893.

Avant d'être admis à faire assaut, l'homme est exercé dans l'art des attaques, parades, ripostes combinées avec des déplacements.

Le plus grand soin est déployé dans cette instruction préparatoire, conduite dans un but éminemment pratique et prolongée pendant toute la période d'instruction individuelle. Les officiers ayant des aptitudes spéciales sont chargés de former les sous-officiers instructeurs.

La « *garde* » est comparable à la nôtre, mais l'arme est tenue plus élevée.

Les *attaques* comprennent, à l'instruction, lancés et pointés, en insistant tout spécialement sur les premiers, alors qu'il est à peine fait mention des seconds. En revanche, le danger des lancés est mis en évidence dans les conseils pour l'assaut, dont nous parlerons plus loin.

Les *parades* sont hautes ou basses, suivant la direction de l'attaque. La *parade haute* se fait à droite ou « *à l'extérieur* » (à gauche). Cette dernière est considérée comme plus difficile. La *parade basse* est exécutée la pointe basse, la crosse à hauteur de l'aisselle droite.

Il ne semble pas qu'une parade basse soit nécessaire, ni même recommandable. Un coup d'arrêt au bras gauche, au buste ou à la figure de l'adversaire assez imprudent pour tirer bas paraît bien préférable.

Le règlement allemand, dans l'attaque comme dans la parade, insiste sur le rôle de la main droite; l'articulation du coude, l'épaule droite doivent être assouplies (mouvements spéciaux) et rester toujours libres. La main droite donne l'impulsion à l'arme, la gauche se bornant à diriger la pointe vers l'endroit visé, dans l'attaque, ou vers le point prescrit, dans la parade.

Des *exercices de transition* (*Uebergangsübungen*) amènent l'homme à combiner sans commandement les mouvements appris. Il est alors prêt à faire assaut. Le règlement allemand semble ne prévoir que des assauts élève contre élève, tandis qu'il y a gros profit, à notre avis, à faire tirer, au début, l'élève contre l'instructeur.

Les assauts allemands doivent être très brefs; on ne les fait continuer après une touche que pour l'explication éventuelle d'un coup. L'emploi de la crosse n'est pas envisagé réglementairement.

« L'instruction pour l'escrime à la baïonnette » se termine par huit « *conseils pour l'assaut* », où il est notamment recommandé de varier les moyens suivant l'agressivité ou l'adresse de l'adversaire : le charger s'il hésite; faire une feinte ou rompre en rusant, s'il est mordant et entraîné.

Le matériel employé en Allemagne se compose d'un fusil de modèle ancien, muni d'une baïonnette FIXE (baïonnette à douille pourvue d'un tampon de choc).

La dureté de cette arme nécessite un matériel de protection assez complexe : masque rembourré et bardé de fer, gants épais, plastron couvrant le tronc, du col jusqu'à mi-cuisses et fortement rembourré. Ce harnachement doit être assez gênant, surtout si l'on y ajoute le chargement de campagne, comme il est recommandé de le faire souvent, dès que les hommes sont suffisamment entraînés.

JAPON

Comme en Allemagne, l'escrime à la baïonnette est traitée au Japon dans une « instruction » spéciale.

Les Japonais ont fait de l'escrime à la baïonnette un véritable sport où ils excellent. L'adresse et le mordant de leurs fantassins leur ont donné souvent, en Mandchourie, l'avantage sur les soldats russes, à qui on avait cherché à donner une impulsion farouche plutôt que la souplesse et la ruse.

L'escrime à la baïonnette est considérée comme si importante dans l'infanterie japonaise qu'elle est pratiquée *chaque matin, en présence des officiers*. La portée morale de cette mesure est évidente.

ANGLETERRE

L'escrime à la baïonnette pratique est enseignée en Angleterre depuis six à huit ans. Le dernier règlement date de 1911 (*Infantry training*, appendice I. Instruction in *Bayonnet fighting*).

La tournure d'esprit anglaise a eu vite fait de donner à cet exercice l'allure d'un véritable sport auquel prennent part les officiers. Des tournois sont organisés entre les équipes déléguées par les régiments. L'équipe victorieuse devient gardienne d'un « *challenge* » envié.

La méthode de combat anglaise diffère peu de la méthode allemande. Elle peut, chez des soldats de métier, être poussée à fond et donner des résultats parfaits.

En *garde*, l'arme est moins horizontale que chez nous, la baïonnette a sa pointe à hauteur de l'œil.

L'attaque se réduit à un *lancé* très allongé exécuté *avec passement en avant de la jambe droite*. Pour éviter que la pointe ne s'abaisse et que le poignet ne fléchisse, *la crosse est engagée à plat sous l'avant-bras droit allongé*, le dos de la main droite en dessus.

Le fusil anglais est d'ailleurs beaucoup plus court et un peu plus léger que le nôtre. Les parades sont analogues aux nôtres.

Le matériel comporte : un fusil à baïonnette rentrante, un masque en grillage métallique, un plastron fortement rembourré, un gant épais pour la main gauche. L'instruction est faite, comme celle du fleuret, en vêtements de toile et sandales d'escrime.

CHAPITRE II

Instruction.

Dès que les hommes savent exécuter correctement les mouvements prescrits aux articles 111 à 115 inclus : garde, déplacements, attaques et préparations, parades et ripostes, emploi de la crosse, on doit commencer à leur enseigner les principes du combat à l'arme blanche.

EMPLOI DU MANNEQUIN

L'emploi du mannequin a pour but d'habituer les hommes à porter les coups avec leur arme de guerre en déployant toute la vigueur dont ils sont susceptibles.

Les mannequins sont confectionnés, comme l'indique le règlement, à l'aide de vieux effets bourrés de paille fortement tassée.

Il est inutile de leur donner un volume supérieur à celui d'un torse humain.

Le mode d'emploi le plus avantageux du mannequin est le suivant :

Au moyen d'un fil de fer muni d'un anneau métallique, le mannequin est suspendu à un autre fil de fer tendu horizontalement et le long duquel il peut coulisser.

La hauteur de suspension est réglée pour figurer soit un homme debout, soit un homme à cheval.

Le mannequin est fixé à l'extrémité d'une perche de 3 mètres de long environ.

Grâce à ce dispositif, l'instructeur peut, en manœuvrant la perche, porter rapidement le mannequin en avant, en arrière ou de côté pour simuler les attaques ou les esquives d'un adversaire.

L'élève est habitué à parer (ou à rompre) et à riposter lorsque le mannequin s'avance vers lui, à se porter en avant et à attaquer lorsque le mannequin recule.

A chaque coup porté, la baïonnette doit transpercer le mannequin *de part en part.*

A. — La leçon individuelle.

La leçon est donnée par un instructeur, qui, comme l'élève, est muni du masque, des gants et du fusil à baïonnette rentrante.

Elle est donnée d'après la progression suivante :

1° *Attaques.* — L'instructeur, en garde d'abord correcte, se découvre intentionnellement et habitue l'élève à pointer (lancer) vers la partie découverte la plus proche, puis à *reprendre très rapidement la garde.*

2° *Feintes et préparations.* — Si l'instructeur ne se découvre pas, l'élève sera dressé à faire une fausse attaque pour créer un jour à son arme en provoquant une parade ou une opposition.

L'élève sera ainsi amené à passer dans l'autre ligne pour tirer à fond en *dégageant*, c'est-à-dire en passant sa pointe sous le fusil de l'adversaire pour pointer (lancer) ensuite dans la ligne ouverte.

Sur une garde correcte, l'élève sera également

exercé à exécuter soit des battements énergiques, soit une opposition vigoureuse, écrasant vers le sol l'arme adverse.

Il n'y a pas lieu, vu le poids de l'arme de guerre, de chercher des combinaisons plus compliquées.

3° *Parades, esquives.* — On évite d'être atteint par les coups de l'adversaire, soit en écartant sa pointe au moyen d'une parade, soit en se jetant rapidement en arrière ou de côté.

Si c'est la jambe gauche qui est menacée, il suffit d'exécuter la parade du coup de pied bas (Règlement d'éducation physique, art. 235).

Toute parade doit être sèche, bien détachée et exécutée avec le fût et non avec la baïonnette (1). Sur un lancé de l'adversaire, une parade énergique permet, en déséquilibrant complètement l'assaillant, de le toucher facilement.

Les esquives sont à recommander, surtout l'esquive de côté; l'agilité du troupier français s'en accommodera devant un ennemi moins leste.

L'instructeur exerce l'élève à parer et à esquiver en lui portant des attaques très nettes et, au début, en reprenant lentement la garde, de façon à donner à l'homme tout le temps voulu pour parer ou esquiver.

Lorsque l'élève commet, à plusieurs reprises, la même faute ou imprudence, l'instructeur la souligne en touchant à la partie découverte ou aventurée.

4° *Ripostes.* — Une riposte portée à fond doit suivre sans délai toute parade ou esquive; si l'homme attaqué a esquivé en se jetant en arrière, il devra donc se porter en avant, puis riposter.

L'instructeur fera recommencer toute riposte qui,

(1) Pour éviter de fausser cette dernière.

trop précipitée ou partie de trop loin, aurait manqué son but.

5° *Coups d'arrêt.* — L'élève sera dressé à saisir son adversaire dans sa préparation, ou à arrêter une attaque imprudente. Dans ce but, l'instructeur fera, par exemple, une feinte au genou gauche et fera pointer l'homme qu'il instruit, soit vers son bras gauche, soit à la figure.

6° *Usage de la crosse.* — La crosse est d'un usage très effectif lorsque, dans une mêlée, les combattants sont trop rapprochés pour user de la pointe; elle trouve aussi son emploi lorsque l'adversaire de l'assaillant a paré sans rompre ou que l'attaqueur a marché pendant son attaque, autrement dit lorsqu'un des adversaires est *entré dans la garde de l'autre.*

On peut alors user des coups suivants :

Coups de bec de crosse. — Rapprocher la main gauche de l'épaule gauche et lancer la crosse, le bec en avant, en portant vivement la main droite vers l'adversaire.

Coups de talon. — Rapprocher la main gauche de l'épaule gauche, lancer la crosse des deux mains, la plaque de couche en avant et frapper soit le genou gauche, soit le visage de l'adversaire. Dans ce dernier cas, il est avantageux de combiner le coup avec un croc-en-jambe pour jeter l'adversaire à terre. Pour cela, placer une jambe derrière la jambe gauche de l'adversaire, les mollets se touchant, pour l'immobiliser. Le coup ou une simple poussée de la crosse à la poitrine ou à la figure fera tomber l'adversaire.

Parades et esquives des coups de crosse. — Les coups de crosse sont parés avec la partie inférieure de l'arme, celle-ci étant tenue comme il a été dit pour le coup de bec de crosse; ils sont esquivés en se jetant vivement en arrière ou de côté.

Vu leur efficacité, les coups de crosse sont seulement esquissés (Règlement, art. 117, alinéa 6).

B. — La leçon d'assaut.

1° *L'élève contre l'instructeur.* — L'élève exécutant correctement et énergiquement les exercices précédents, l'instructeur lui enseigne à les combiner et à les appliquer en faisant assaut avec lui.

Au début, cet assaut est mené très posément; la durée en est très courte.

L'instructeur s'applique, par des fautes calculées, à provoquer chez l'élève les attaques, les parades, les esquives, les ripostes, les coups d'arrêt justifiés. Il souligne les fautes commises en touchant l'élève; il fait recommencer toute passe d'armes mal exécutée.

2° *Élève contre élève.* — On oppose ensuite l'un à l'autre deux élèves bien exercés. L'instructeur, placé entre les deux combattants, veille à l'exécution des principes qu'il a enseignés; il fait cesser l'engagement dès qu'un des adversaires a été touché.

3° *Instruction du fusilier opposé à un sabreur à pied. Matériel.* — A défaut de sabre en bois, employer un bâton non flexible, muni à son extrémité d'un tampon recouvert de drap.

Exclure, en tous cas, le sabre de salle à lame métallique, trop léger, trop flexible et qui, bien qu'émoussé, dégrade le fusil d'assaut.

L'instructeur, qui, nécessairement, doit avoir quelques notions de contre-pointe, montre à l'élève que les attaques et parades qui lui ont été enseignées conservent toute leur valeur contre un adversaire désavantagé par une arme courte et légère.

Il lui fait voir qu'un *pointé* énergique est difficilement écarté par une parade de sabre, si énergique et si judicieuse qu'elle soit, et que le principal danger couru par le fusilier étant de se laisser approcher, il doit tenir le sabreur à distance et le harceler par des attaques répétées.

CHAPITRE III.

Application.

1° COMBAT INDIVIDUEL (ÉLÈVE CONTRE ÉLÈVE).

Les hommes sont en tenue de campagne; le chargement est progressivement amené au complet. Ils sont munis du fusil spécial d'assaut, du masque et d'un gant à la main gauche.

L'emplacement choisi pour l'assaut est d'abord la place d'exercice, puis un terrain quelconque.

Les adversaires sont placés à 50 mètres *au moins* l'un de l'autre, l'arme à la position du pas de charge.

L'instructeur, qui se tient au point probable de la rencontre, donne un signal auquel les deux hommes se portent en avant à une allure *très vive*. Ils tombent en garde en arrivant à portée et s'attaquent immédiatement.

Le combat cesse dès qu'un homme est touché.

2° MÊLÉE.

a) Un homme très exercé peut être opposé à deux ou trois adversaires moins adroits. L'instructeur enseigne aux hommes agissant de concert à faire œuvre de solidarité en attaquant simultanément et de plusieurs côtés l'homme isolé.

b) *Combat groupe contre groupe.*

Deux groupes (égaux ou non), aussi nombreux que le permet le nombre de fusils d'assaut et de masques, sont disposés en tirailleurs à 50 mètres au moins de distance.

Il est bon de différencier chaque groupe par un

détail de tenue (veste ou bourgeron au lieu de la capote, par exemple).

Les instructeurs (sous-officiers ou officiers) sont placés en serre-files derrière chaque groupe.

Au signal, les deux groupes se chargent et s'attaquent; tout homme touché doit quitter immédiatement la mêlée et se porter à l'écart; tout homme ayant touché son adversaire doit prêter main-forte aux camarades de son groupe.

Lorsqu'un groupe s'est défait de tous ses adversaires, les hommes non éliminés qui le composent se reforment au commandement de l'homme ou du gradé le plus ancien; le chef de groupe *fait ensuite exécuter un bond en avant.*

3° Le fusilier contre le sabreur.

a) *Fusilier contre sabreur à pied.* — La tactique à employer par le fusilier, très avantagé par la longueur et le poids de son arme, a été indiquée au chapitre II (Instruction du fusilier opposé à un sabreur à pied; voir p. 16).

Les officiers et sous-officiers armés du sabre devant s'exercer à employer cette arme contre la baïonnette, il est nécessaire de leur donner quelques conseils à ce sujet.

Le sabreur doit être très agressif et très rapide dans ses déplacements, pour compenser l'infériorité où le met son arme.

Il aura recours aux coups d'arrêt, aux esquives, aux rentrées en usant de la main non armée, plutôt qu'à des parades qui, bien que judicieuses et énergiques, risquent d'être inefficaces.

La garde à préconiser est soit la garde de tierce, soit la prime basse.

Si le sabreur a l'initiative de l'attaque, il marchera sur son adversaire la pointe menaçante, la main gauche prête à parer ou à saisir le fusil adverse.

Le sabreur cherchera ainsi à entrer dans la garde de l'adversaire ou à s'emparer de son arme pour pouvoir pointer ou tailler. S'il le peut, il entrera en corps à corps complet, appuyant fortement son épaule gauche contre le bras gauche de l'adversaire, immobilisant son fusil avec la main gauche et frappant de la pointe ou du pommeau. Ses coups peuvent être combinés avec des crocs-en-jambe, comme il est indiqué au paragraphe « Usage de la crosse » (voir chapitre II, p. 15).

Si le sabreur est attaqué par le fusilier, il cherchera à esquiver ou à saisir l'arme ennemie pour reprendre l'offensive à son tour.

b) *Fusilier contre sabreur ou lancier à cheval.* — Cette instruction présente, pour sa réalisation pratique effective, tant de difficultés et de dangers qu'il y aura lieu de la figurer la plupart du temps.

Le fusilier ne doit pas craindre le cavalier, quelles que soient la vitesse de son allure et la nature de l'arme dont il est muni.

Si le cavalier s'approche à vive allure, un saut de côté au dernier moment, suivi d'un lancé, seront la meilleure esquive et la meilleure riposte.

Contre un cavalier s'avançant à petite allure ou arrêté, le fantassin, plus apte aux déplacements rapides en tous sens, doit avoir raison de son adversaire, sans en redouter la lance ou, *a fortiori*, le sabre, en le harcelant, en effrayant ou blessant son cheval. Il cherchera toujours à gagner le flanc gauche du cavalier, pour obliger ce dernier à croiser le bras armé pardessus la main de bride, attitude gênante et peu favorable à l'allonge.

Comme garde, le fusilier adoptera la garde réglementaire. Les parades ordinaires à droite ou à gauche peuvent suffire à elles seules contre les coups de pointe ou de taille, car elles font suffisamment dévier ces derniers ou les arrêtent sur la croisière.

On peut aussi enseigner au fusilier les avantages que présente contre le cavalier une garde analogue à l'ancienne position de *En tête... Parez !* : le bras gauche fléchi, le bras droit presque tendu, la pointe de la baïonnette inclinée à gauche. Cette garde est, d'ailleurs, implicitement indiquée par le 3e alinéa du paragraphe 114 du règlement modifié. Elle est excellente contre les coups de taille et de hampe de lance; elle permet, en déplaçant légèrement la baïonnette à droite ou à gauche, sans déranger la main droite, de faire dévier les coups de pointe de l'adversaire.

La riposte naturelle sera le coup de baïonnette porté sans reprendre la garde ordinaire, en allongeant vivement les deux bras, le canon en dessous.

Le cavalier ennemi sera représenté soit par un mannequin suspendu la tête à 2 mètres du sol, soit par un homme à cheval sur un cheval de bois (cheval de voltige).

On peut également placer un mannequin complet à califourchon sur une barre à suspension fixée à la hauteur voulue.

Dans les garnisons réunissant cavalerie et infanterie, il y aura grand avantage à faire exécuter des attaques « traversées » et des combats individuels entre cavaliers et fantassins, pour habituer ces derniers à ne pas craindre l'approche des chevaux.

L'instruction de l'escrime à la baïonnette doit, comme celle du tir, se prolonger en se perfectionnant pendant toute la durée du service. Elle doit être pratiquée chaque jour.

Les hommes les plus adroits servent de moniteurs pour le dressage des jeunes soldats.

Cette branche de l'instruction excite au plus haut point l'intérêt des hommes, dont elle développe l'agilité, l'adresse et le souffle.

Poules à la baïonnette. — Il est d'ailleurs très facile de corser l'intérêt des séances de combat, en excitant l'émulation des hommes qui y prennent part.

Il suffit pour cela d'organiser, comme on le fait pour l'épée de combat, des poules, dont, au besoin, une menue faveur (permission, quart de vin ou autre) constitue le prix.

Dans la « poule », chaque combat se termine à la première touche; mais, chaque tireur devant combattre tous les autres concurrents, il y a intérêt à limiter à six ou huit le nombre des combattants d'une seule poule.

Une poule de six tireurs dure de vingt à trente minutes.

Une poule de huit tireurs dure environ quarante-cinq minutes.

Chaque concurrent tire au sort un numéro d'ordre.

Une liste d'appel (voir modèle ci-joint, p. 23) permet l'exécution méthodique des différents assauts en évitant qu'un tireur donné combatte plusieurs fois de suite.

L'enregistrement des résultats est inscrit sur une feuille du modèle indiqué (p. 24). Chaque « touche » est figurée par une croix à l'actif du tireur touché et marquée dans la case correspondant au numéro du tireur par qui il a été touché.

Exemple : 3 a été touché par 5.

Une croix figurera à l'intersection de la ligne horizontale 3 et de la colonne verticale 5.

SÉANCE D'ESCRIME

Poule à *du* 191 .

TIREURS TOUCHÉS. NOMS.	NUMÉROS.	TIREURS PAR QUI ILS ONT ÉTÉ TOUCHÉS.								
		1	2	3	4	5	6	7	8	9
	1									
	2									
	3									
	4									
	5									
	6									
	7									
	8									
	9									

Poule de 6 tireurs.

1.4	1.5	1.6	1.2	1.3				
2.5	2.6	2.3	3.5	2.4				
3.6	3.4	4.5	4.6	5.6				

Poule de 7 tireurs.

1.4	4.5	3.4	4.6	2.4	7.4			
2.5	2.3	2.6	7.2	7.3				
3.6	7.6	7.5	3.5	5.6				
7.1	1.5	1.3	1.6	1.2				

Le vainqueur est celui qui a reçu le moins grand nombre de touches.

Si deux concurrents ou plusieurs ont le même nombre de touches, on les fait tirer à nouveau entre eux pour déterminer leur classement définitif.

Les poules peuvent être exécutées entre officiers, gradés ou simples soldats; elles permettent de déterminer dans les compagnies, bataillons ou régiments, les plus adroits tireurs par éliminations successives.

Elles constituent un moyen tout indiqué pour sélectionner les tireurs dignes de former les équipes à envoyer aux tournois militaires d'escrime à la baïonnette. Ces concours sont, avec l'approbation du Ministre de la guerre, organisés chaque printemps à Paris.

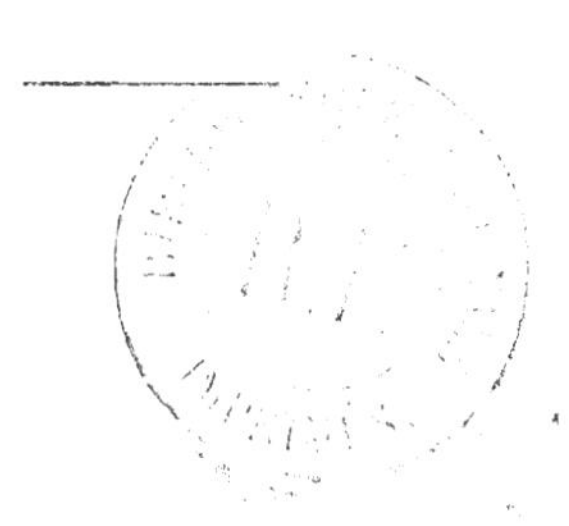

CONCLUSION

On a fait justice du discrédit où était tombée, en France, l'escrime de combat à la baïonnette. Nous sommes, enfin, dotés d'un règlement et d'un matériel permettant de travailler utilement.

Mettons-nous donc à l'œuvre; faisons de nos gradés, et surtout des rengagés, de *bons escrimeurs*, si nous voulons avoir de bons instructeurs.

Que les officiers donnent l'exemple; ils n'auront pas de peine à exciter l'émulation des hommes, à développer leurs goûts instinctifs pour la force, l'adresse, le travail individuel; ils obtiendront rapidement d'excellents résultats dans le maniement d'une arme qui a fait jadis la réputation de l'infanterie française.

Au point de vue physique et au point de vue moral, ces résultats seront de ceux qu'on doit se féliciter d'avoir obtenus.

Paris et Limoges. — Imp. et libr. milit. Henri CHARLES-LAVAUZELLE.